AMADIS,

TRAGEDIE,

REPRÉSENTÉE

PAR L'ACADEMIE ROYALE DE MUSIQUE;

Pour la premiere fois, le 16. *Janv.* 1684.
La seconde, le 31. *May* 1701.
La troisiéme, le *May* 1718.
La quatriéme, le 4. *Octob.* 1731.

Remise le 8. Nov. 1740 pour la cinquiéme Fois.

DE L'IMPRIMERIE

De JEAN-BAPTISTE-CHRISTOPHE BALLARD,
Seul Imprimeur du Roy, et de l'Académie Royale de Musique.

A PARIS, Au Mont-Parnasse, rue S. Jean-de-Beauvais.

M. DCCXL.

AVEC PRIVILEGE DU ROY.
LE PRIX EST DE XXX. SOLS.

PERSONNAGES
DU PROLOGUE.

ALQUIF, *célébre Enchanteur,*
  *Epoux d'*URGANDE, M^r. Le Page.
URGANDE, *célébre Enchanteresse,*
  *Epouse d'*ALQUIF,   Mlle. Eermans.
*Une Suivante d'*URGANDE, Mlle. Bourbonnois.
*Troupe de Suivants & de Suivantes d'*ALQUIF,
  *et d'*URGANDE.

ACTEURS, ET ACTRICES
Des Chœurs du Prologue, et de la Tragedie.

CÔTE' DU ROY.   CÔTE' DE LA REINE.

Mesdemoiselles	Messieurs	Mesdemoiselles	Messieurs
Dun,	Marcelet,	Antier-C.,	De Serre,
Delorge,	St. Martin,	Thetelette,	Gratin,
Varquin,	Lemesle,		Deshais,
	Pequet,		François,
La Fontaine,	Fel,	Lavalée,	Rimbault,
Bodot,	Houbault,		Levasseur,
	Bourque,	Cartou,	Treizeville,
Dallemand-C.,	Bornet,		Buseau,
Larcher,	Gallard,	Deshaigles,	Dupleſſis,
	Duchenet,		Chevry.
Jaquet.	Vergne.	Coupée.	

ã ij

****

DIVERTISSEMENT
DU PROLOGUE.

SUIVANTS D'ALQUIF;

Monſieur Matignon;

Meſſieurs Savar, La Croix, Hamoche.

SUIVANTES D'URGANDE;

Mademoiſelle Le Breton;

Meſdemoiſelles Fremicourt, Petit, Dazencourt.

On vend la Partition In-fol. de cette Piece, 20 l.

On doit donner inceſſamment un Nouveau Re-
cueil, ſous le Titre *d'Etrennes* d'HORACE,
Chanſons, priſes des Penſées de ce Poëte, &c.

PROLOGUE.

PROLOGUE.

Le Théâtre repréfente les Lieux qu'ALQUIF,
et URGANDE ont choifis pour y demeurer
enchantez & affoupis avec leur Suite.

Un Eclair & un coup de Tonnerre commencent
à diffiper l'affoupiffement d'A L Q U I F,
d'U R G A N D E, et de leur Suite.

ALQUIF, ET URGANDE,
fous un riche Pavillon.

H ! j'entends un bruit qui nous preffe
De nous raffembler tous ;
Le charme ceffe,
Eveillons-nous.

Les fuivants d'ALQUIF,& les fuivantes d'URGANDE,
s'éveillent, et repetent ces deux Vers.
Le charme ceffe,
Eveillons-nous.

é

PROLOGUE.

ALQUIF, ET URGANDE.

Efprits empreffez à nous plaire,
Vous qui veillez ici pour nôtre feureté,
Vôtre foin n'eft plus neceffaire,
Vous pouvez déformais partir en liberté.

Que le Ciel annonce à la Terre
La fin de cet enchantement ;
Brillants Eclairs, bruyant Tonnerre,
Marquez avec éclat ce bien-heureux moment.

LE CHOEUR.

Que le Ciel annonce à la Terre
La fin de cet enchantement ;
Brillants Eclairs, bruyant Tonnerre,
Marquez avec éclat ce bien-heureux moment.

Les Statues qui foûtiennent le Pavillon, l'emportent en volant au bruit du Tonnerre, & à la lueur des Eclairs.

Les Suivants d'ALQUIF, & les Suivantes d'URGANDE fe réjoüiffent de n'être plus enchantez, & témoignent leur joye en danfant & en chantant.

Une des Suivantes d'URGANDE.

Les plaifirs nous fuivront déformais ;
Nous allons voir nos defirs fatisfaits :
Vivons fans allarmes,
Vivons tous en paix.

Revenez, reprenez tous vos charmes,
Jeux innocents, revenez pour jamais.
Il est temps que l'Aurore vermeille
Céde au Soleil qui marche sur ses pas ;
Tout brille ici-bas.
Il est temps que chacun se réveille ;
L'Amour ne dort pas,
Tout sent ses appas.

L'aimable Zephire
Pour Flore soûpire ;
Dans un si beau jour
Tout parle d'amour.

URGANDE.

Lorsqu'Amadis périt, une douleur profonde
Nous fit retirer dans ces lieux.
Un charme assoupissant devoit fermer nos yeux,
Jusqu'au temps fortuné que le destin du Monde
Dépendroit d'un Heros encor plus glorieux.

ALQUIF.

Ce Heros triomphant veut que tout soit tranquille ;
En vain mille Envieux s'arment de toutes parts ;
D'un mot, d'un de ses regards,
Il sçait rendre à son gré leur fureur inutile.

ALQUIF, ET URGANDE.

C'est à lui d'enseigner
Aux Maîtres de la terre
Le grand Art de la guerre ;
C'est à lui d'enseigner
Le grand Art de regner.

URGANDE.

Retirons Amadis de la nuit éternelle ;
Le Ciel nous le permet, un Sort nouveau l'appelle
Où son Sang regnoit autrefois.

ALQUIF.

Nous ne saurions choisir de demeure plus belle ;
Allons être témoins de la gloire immortelle
D'un Roi, l'étonnement des Rois,
Et des plus grands Heros le plus parfait modelle.

URGANDE, ET ALQUIF.

Tout l'Univers admire ses exploits ;
Allons vivre heureux sous ses loix.

CHOEUR.

Tout l'Univers admire ses exploits ;
Allons vivre heureux sous ses loix.

Les Suivants d'ALQUIF, et d'URGANDE témoignent
leur joye, par des Danses & par des Chants.

Une Suivante d'URGANDE, et le CHOEUR.

Suivons l'Amour, c'est lui qui nous meine,
Tout doit sentir son aimable ardeur ;
Un peu d'amour nous fait moins de peine,
Que l'embarras de garder nôtre cœur.

Malgré nos soins, l'Amour nous enchaîne,
On ne peut fuir ce charmant Vainqueur ;
Un peu d'amour nous fait moins de peine,
Que l'embarras de garder nôtre cœur.

ALQUIF, ET URGANDE.

Volez, tendres Amours, Amadis va revivre,
Son grand cœur est fait pour vous suivre :
Volez, volez, aimables Jeux,
Conduisez Amadis en des climats heureux.

CHOEUR.

Volez, volez, aimables Jeux,
Conduisez Amadis en des climats heureux.

Les AMOURS et les JEUX volent.

FIN DU PROLOGUE.

ACTEURS
DE LA TRAGEDIE.

AMADIS, *Fils du Roi Perion de Gaule*,   M^r. Jelyot.

ORIANE, *Fille de Lisvart, Roi de la grande Bretagne*,   Mlle. Lemaure.

FLORESTAN, *Fils naturel du Roi Perion de Gaule*,   M^r. Albert.

CORISANDE, *Souveraine de Gravesande*,   Mlle. Fel.

ARCALAUS, *Chevalier Enchanteur, Frere d'*ARCABONNE, *et d'*ARDAN-CANILE,   M^r. Le Page.

ARCABONNE, *célébre Enchantereſſe*,   Mlle. Antier.

URGANDE, *célébre Enchantereſſe, Amie d'*AMADIS,   Mlle. Eermans.

L'OMBRE *d'*ARDAN-CANILE, M^r. Dun.

DEUX BERGERES, Mlles Bourbonnois et Monville.

DEUX BERGERS, Mrs Berard et Cuvillier.

UN HEROS *enchanté*,   M^r. Berard.

ACTEURS DANSANTS
DE LA TRAGEDIE.

PREMIER ACTE.
GUERRIERS.

Premier Parti;

Meſſieurs Dumay, Javillier C., Javillier-3.,
Matignon, Savar.

Second Parti;

Meſſieurs Theſſier, Hamoche, P-Dumoulin,
Lalli, Malter-L.

SECOND ACTE.
MONSTRES;

Monſieur Dupré;
Meſſieurs La Croix, Dumay, Savar, Javilliers-C.,
Javilliers-3.

DEMONS TRANSFORMEZ
en Bergers et en Bergeres;

Meſſieurs, F-Dumoulin, P-Dumoulin, Hamoche,
Theſſier;

Mademoiſelle Mariette;
Mlles Le Breton, Fremicourt, Courcelle, Dazencourt.

TROISIE'ME ACTE.

CAPTIFS;

Monsieur Javilliers-L. ;
Messieurs Dumay, Savar, Javilliers-C., Javilliers-3,
La Croix, Matignon.

QUATRIE'ME ACTE.

SUIVANTES D'URGANDE;

Mademoiselle Dallemand-L. ;
Mesdemoiselles Le Breton, Courcelle, Fremicourt,
Saint-Germain, Le Duc, Dazencourt, Petit.

CINQUIE'ME ACTE.

HEROS ET HEROINES ENCHANTEZ;

Monsieur Dupré ;
Mr. D-Dumoulin, Mademoiselle Dallemand-L. ;

Messieurs Matignon, Malter-C., Dangeville,
Malter-L., Thessier, Lalli,

Mesdemoiselles Fremicourt, Petit, Le Duc,
Courcelle, Saint-Germain, Dazencourt.

AMADIS,

AMADIS,

TRAGEDIE.

ACTE PREMIER.

Le Théâtre repréfente le Palais du Roy LISUART,
Pere d'ORIANE.

SCENE PREMIERE.

AMADIS, FLORESTAN.

FLORESTAN.

JE reviens dans ces lieux pour y voir ce que
j'aime ;
Chaque moment eft cher pour moi :
Mais au fang qui nous joint, je fai ce que je doi ;
Je ne puis vous laiffer fans une peine extrême
Dans la douleur où je vous voi.

A

Le grand cœur d'Amadis doit être inébranlable ;
Quel malheur peut troubler un Heros indomptable,
Vainqueur des fiers Tyrans & des Monstres affreux.

AMADIS.

J'aime, hélas ! c'est assez pour être malheureux.

FLORESTAN.

Sans cesse, vous volez de victoire en victoire,
Votre grand Nom s'étend aussi loin que le jour ;
Si vous vous plaignés de l'Amour,
Consolés-vous avec la Gloire.

AMADIS.

Ah ! que l'amour paroît charmant !
Mais, helas ! il n'est point de plus cruel tourment.

Que je trouvois d'appas dans ma naissante flâme !
Que j'aimois à former un tendre engagement !
Je payerai bien cherement
Les trompeufes douceurs qui séduifoient mon ame.

Ah ! que l'amour paroît charmant !
Mais, helas ! il n'est point de plus cruel tourment.

J'ai choisi la Gloire pour guide,
J'ai prétendu marcher sur les traces d'Alcide ;
Heureux ! si j'avois évité
Le charme trop fatal dont il fut enchanté !

Son cœur n'eût que trop de tendreſſe,
Je ſuis tombé dans ſon malheur ;
J'ai mal imité ſa valeur,
J'imite trop bien ſa foibleſſe.
J'aime Oriane, helas ! je l'aime ſans eſpoir.

FLORESTAN.

Elle dépend d'un Pere, elle ſuit ſon devoir.

AMADIS.

Oriane m'aimoit, je l'aimois ſans allarmes.

FLORESTAN.

Que vous peut-elle offrir que d'inutiles larmes ?
L'Empereur des Romains ſur ſon Trône l'attent.

AMADIS.

Je pourrois l'obtenir par la force des armes,
Si ſon amour étoit conſtant ;
Et je croyois ſon cœur à l'épreuve des charmes
Du Trône le plus éclatant.

Fût-il jamais Amant plus fidelle & plus tendre,
Fût-il jamais Amant plus malheureux que moi !

La Beauté dont je ſui la loi
Me bannit pour jamais ſans me vouloir entendre ;
Helas ! eſt-ce le prix que je devois attendre
De mon amour & de ma foi.

Fût-il jamais Amant plus fidelle & plus tendre,
Fût-il jamais Amant plus malheureux que moi !

F L O R E S T A N.

Quand on est aimé comme on aime ;
C'est une trahison que de se dégager ;
Mais c'est une foiblesse extrême
D'aimer une Inconstante, et de ne pas changer.

Vous serez plus heureux dans une amour nouvelle.

A M A D I S.

Oriane, ingrate & cruelle,
M'accable de mortels ennuis :
Mais j'ai juré de conserver pour elle
Une amour éternelle ;
Tout infortuné que je suis,
J'aime mieux être encor malheureux qu'infidelle.

C'est trop vous arrêter, allez, suivez l'Amour.
Corisande en ces lieux attend vôtre retour.

F L O R E S T A N.

Vous puis-je abandonner à vôtre inquiétude ?

A M A D I S.

Un amour malheureux cherche la solitude.

****

SCENE II.
CORISANDE, FLORESTAN.

CORISANDE.

Florestan !

FLORESTAN.

Corisande !

FLORESTAN, ET CORISANDE.

O bienheureux moment.
Qui finis mon cruel tourment !

Après la rigueur extrême
D'un fatal éloignement ;
Que c'est un plaisir charmant
De revoir ce que l'on aime !

FLORESTAN.

Il faut unir vôtre cœur & le mien
D'un éternel lien.

CORISANDE.

Venez regner aux lieux où je commande.

FLORESTAN.

Aimons-nous, belle Corisande,
Et comptons la grandeur pour rien.

FLORESTAN, ET CORISANDE.

Vous étes le seul bien
Que mon amour demande.

CORISANDE.

Que ne puis-je arrêter l'ardeur
Qui vous porte à chercher les perils de la guerre !
Que ne vous puis-je offrir l'Empire de la terre
Avec l'empire.de mon cœur.

FLORESTAN.

Trop heureux que l'Amour avec moi vous engage,
Trop heureux de porter vos fers ;
J'estime plus cent fois un si doux esclavage
Que l'Empire de l'univers.

CORISANDE.

Si vôtre cœur eût été bien sensible
Au tendre amour qui me tient sous sa loi,
Vous eût-il été possible
De vous éloigner de moi ?

FLORESTAN.

Fils d'un Roi dont le nom par tout s'est fait con-
naître ,
Et Frere d'Amadis le plus grand des Heros ;
Pouvois-je demeurer dans un honteux repos ?
Aurois-je démenti le sang qui m'a fait naître ?

Pour mériter de plaire aux yeux qui m'ont charmé,
J'ai cherché tout l'éclat que donne la Victoire :
Si j'avois moins aimé la Gloire,
Vous ne m'auriez pas tant aimé.

CORISANDE.

La loi que fait l'Amour doit être enfin suivie,
Quand on a satisfait la Gloire & le Devoir.

FLORESTAN, ET CORISANDE.

C'est ma plus chere envie
De vous aimer toute ma vie :
C'est mon plus doux espoir
De vous aimer & de vous voir.

S C E N E III.

ORIANE, FLORESTAN, CORISANDE.

C O R I S A N D E.

JE revoi Floreſtan, je le revoi fidelle.

O R I A N E.

Ah ! qu'il eſt beau d'aimer d'une amour éternelle !

F L O R E S T A N.

C'eſt envain qu'Amadis vous aime conſtamment,
Et vous l'avez banni par une loi cruelle.

O R I A N E.

Non, ne défendez point un ſi volage Amant :
Sa premiere amour eſt finie,
Il adore Briolanie.
Le confident de ſa nouvelle ardeur
N'a que trop bien ſçû m'en inſtruire :
Il n'eſt plus permis à mon cœur
De ſe laiſſer ſéduire.

FLORESTAN.

TRAGEDIE.

FLORESTAN.

Se peut-il qu'Amadis vous ait manqué de foi ?

ORIANE.

Ma Rivale n'est que trop belle.

CORISANDE.

Estes-vous moins aimable qu'elle ?

ORIANE.

Elle a l'avantage sur moi
D'être une Conqueste nouvelle.

FLORESTAN.

Amadis est saisi d'un mortel desespoir.

ORIANE.

Non, non, ce n'est qu'un artifice
Dont il couvre son injustice,
Il sera trop content de ne me jamais voir.

CORISANDE.

L'injustice seroit étrange
De vouloir ajoûter la feinte au changement :
Au moins un grand cœur, quand il change,
Doit changer sans déguisement.

ORIANE.

L'Ingrat, un peu plus tard auroit changé son crime !
Je vais devenir la victime
Du devoir qui regle mon sort.
L'Inconstant n'a-t-il pû se faire un peu d'effort ?
De lui-même bien-tôt son cœur alloit dépendre :
Eh ! que n'attendoit-il mon himen, ou ma mort !
Il ne devoit plus guere attendre.

B

FLORESTAN.

Amadis punit les Ingrats,
L'Innocence opprimée a recours à son bras ;
La Justice trop foible, à son secours l'appelle ;
Jamais tant de vertu n'a si bien merité
    Une gloire immortelle :
Un Heros ennemi de l'infidelité,
    Peut-il être Amant infidelle ?

ORIANE.

L'éclat de tant de gloire avoit jusqu'à ce jour
    Ebloui mon ame credule.
Ah ! les plus grands Heros ne font pas grand scrupule
    D'une infidelité d'amour.

    Pourquoi me plaindre d'une offense
    Qui met mon cœur en mon pouvoir ?
Que je profite mal d'une heureuse inconstance
    Qui m'aide à suivre mon devoir !

    Juste Dépit, brisez ma chaine.

J'allois finir mes tristes jours,
Plûtôt que de trahir de si belles amours ;
    Amadis les trahit sans peine.

    Juste Dépit, brisez ma chaîne.

C'eſt à vous ſeul que j'ai recours.
Helas ! vous m'agitez d'une colere vaine,
Que je me ſens tremblante, inquiete, incertaine !
Que je ſuis foible encore avec vôtre ſecours !

Juſte Dépit, briſez ma chaîne.

FLORESTAN, ET CORISANDE.

Non, on ne ſort pas aiſément
D'un amoureux engagement.

ORIANE.

Malheureux qui s'engage
Avec un cœur volage !

ORIANE, FLORESTAN, ET CORISANDE.

Trop heureux qui peut s'engager
Pour ne jamais changer.

CORISANDE.

Deux Partis vont ici diſputer la victoire.
Ces Jeux guerriers ſe font à vôtre gloire.

ORIANE.

Que j'ai de peine à cacher mes ennuis !
Ne m'abandonnez pas dans le trouble où je ſuis.

B ij

SCENE IV.

TROUPE DE COMBATTANS
de deux differents Partis.

ORIANE, FLORESTAN, CORISANDE.

Les deux Partis font divers Combats, & les
Victorieux portent les armes qu'ils ont gagnés,
aux pieds d'ORIANE.

CHOEUR.

BElle Princesse, que vos charmes
Ont enchanté de cœurs !
Vous forcez les plus fiers vainqueurs
A vous rendre les armes.

Les plus grands Rois de l'Univers
Font gloire de porter vos fers.

FIN DU PREMIER ACTE.

ACTE SECOND.

Le Théâtre change, et repréfente une Foreft,
dont les Arbres font chargés de Trophées ;
On y voit un Pont, & un Pavillon au bout.

SCENE PREMIERE.

ARCABONNE.

Mour, que veux-tu de moi ?
Mon cœur n'eft pas fait pour toi.

Non, ne t'oppofe point au penchant qui m'entraîne,
Je fuis accoûtumée à reffentir la haine,
Je ne veux infpirer que l'horreur & l'effroi.

> *Amour, que veux-tu de moi ?*
> *Mon ame auroit trop de peine*
> *A fuivre une douce loi,*
> *C'eft mon fort d'être inhumaine.*

> *Amour, que veux-tu de moi ?*
> *Mon cœur n'eft pas fait pour toi.*

SCENE II.

ARCALAUS, ARCABONNE.

ARCALAUS.

MA Sœur, qui peut cauſer vôtre ſombre triſ-
teſſe ?
Le ſilence des Bois ſert à l'entretenir.

ARCABONNE.

Il faut avouer ma foibleſſe,
Pour commencer à m'en punir.
Un Heros, contre un Monſtre un jour prit ma dé-
fenſe,
J'étois morte ſans ſon ſecours :
Il ne voulut pour récompenſe
Que le plaiſir ſecret d'avoir ſauvé mes jours.
Je n'ai point ſçû quel Heros m'a ſervie ;
Je m'informai de ſon nom vainement :
Mais, ſon Caſque tomba, je le vis un moment :
Ce moment fût fatal au reſte de ma vie.
Cet Inconnu ſi genereux
Ne me parût que trop aimable ;
Il m'en revient ſans ceſſe une image agréable
Qui me plaît plus que je ne veux.

J'ai honte de mon trouble extrême ;
Je fuis par tout l'Amour, je sens par tout ses traits ;
Je cherche en vain les paisibles Forests ;
Helas ! jusqu'au silence même,
Tout me parle de ce que j'aime.

ARCALAUS.

L'Amour, n'est qu'une vaine erreur,
On n'en est point surpris quand on veut s'en défendre.
Est-ce à vous d'avoir un cœur tendre ?
Vôtre cœur tout entier n'est dû qu'à la fureur.

ARCABONNE.

Non, je ne connois plus mon cœur.
L'amour qu'il a bravé le réduit à se rendre :
Tout barbare qu'il est, il se laisse surprendre
D'une douce langueur.
Non, je ne connois plus mon cœur.

ARCALAUS.

Délivrez-vous de l'esclavage
Où l'Amour vous engage :
Vous qui sçavez commander aux Enfers,
Ne sçauriez-vous briser vos fers ?

ARCABONNE.

Vous m'avez enseigné la sience terrible
Des noirs enchantements qui font pâlir le jour ;
Enseignez-moi, s'il est possible,
Le secret d'éviter les charmes de l'Amour.

ARCALAUS.

Songez que nôtre sang nous demande vengeance.
Amadis l'a versé; sa valeur nous offense:
Le superbe Amadis a terminé le sort
Du redoutable Ardan nôtre malheureux Frere…

ARCABONNE.

Que le nom d'Amadis m'inspire de colere!
Quand pourrai-je goûter le plaisir de sa mort?

ARCALAUS.

Que j'aime à voir en vous ce genereux transport!

ARCALAUS, ET ARCABONNE.

Irritons nôtre barbarie:
Ecoûtons notre sang qui crie,
Perisse l'Ennemi qui nous ose outrager.
Ah! qu'il est doux de se venger!

ARCABONNE.

L'Espoir de la vengeance aujourd'hui me console
De tout ce que l'amour ma causé de tourmens.
Hâtez-vous de livrer à mes ressentimens
L'ennemi qu'il faut que j'immole.

ARCALAUS.

Laissez-moi l'engager dans mes enchantemens.

ARCABONNE se retire; ARCALAUS demeure
dans la Forest, il apperçoit AMADIS
qui s'avance.

SCENE III.

SCENE III.
ARCALAUS.

DAns un piege fatal son mauvais sort l'améne.

Esprits malheureux & jaloux,
Qui ne pouvez souffrir la Vertu qu'avec peine ;
Vous, dont la fureur inhumaine,
Dans les maux qu'elle fait, trouve un plaisir si doux ;
Demons, preparez-vous
A seconder ma haine ;
Demons, préparez-vous
A servir mon couroux.

ARCALAUS se retire dans le Pavillon qui est
au bout du Pont.

SCENE IV.
AMADIS.

BOis épais, redouble ton ombre ;
Tu ne sçaurois être assez sombre,
Tu ne peux trop cacher mon malheureux amour.
Je sens un desespoir dont l'horreur est extrême,
Je ne dois plus voir ce que j'aime,
Je ne veux plus souffrir le jour.

C

S C E N E V.

CORISANDE, AMADIS.

CORISANDE.

O Fortune cruelle,
   Tu prens plaisir à me troubler !
   Tu me flattois pour m'accabler,
     D'une peine mortelle,
     O Fortune cruelle !
Que vois-je ? Amadis.

AMADIS.

             Qui m'appelle ?

CORISANDE.

Par quel sort puis-je ici vous voir ?

AMADIS.

Vous voyez un Amant fidelle,
Reduit au dernier desespoir.

CORISANDE.

Protegez la Vertu que l'Injustice opprime.
Secourez Florestan ; même sang vous anime :
Il étoit comme vous l'appui des malheureux ;
Je n'ai pû retenir son cœur trop genereux ;
Aux pleurs d'une Inconnuë, il s'est laissé séduire.

La Perfide a sçû le conduire
Dans des enchantements affreux.

AMADIS.

Pour l'aller secourir, quel chemin faut-il prendre ?

CORISANDE.

A d'horribles dangers vous devez vous attendre.

AMADIS.

J'ai vû le danger sans effroi,
Lorsque mes jours heureux étoient dignes d'envie ;
Puis-je craindre la mort, dans un temps où la vie
N'est plus qu'un supplice pour moi ?

CORISANDE.

Florestan est tombé dans un triste esclavage
En voulant passer dans ces lieux.

AMADIS.

Allons.

S C E N E   VI.

ARCALAUS, SUIVANTS D'ARCALAUS, AMADIS, CORISANDE.

ARCALAUS, empeſchant **AMADIS**
de paſſer ſur le Pont.

A Rreſte, Audacieux :
Arreſte, j'entreprends de garder ce paſſage.
Voi ces marques de mes Exploits,
Voi combien de Guerriers m'ont cédé la victoire ;
Joins un nouveau Trophée à ceux que dans ces Bois
J'ai fait élever à ma gloire.

A M A D I S.

Ceſſe de m'arreſter, ne force point mon bras
A tourner ſur toi ma vengeance.

A R C A L A U S.

Si tu cherches ton Frere, il eſt en ma puiſſance.

C O R I S A N D E.

Rendez-moi Floreſtan.

A R C A L A U S.

Allez, ſuivez ſes pas,
Suivez vôtre Amant au trépas.

Les Suivants d'ARCALAUS emménent
CORISANDE.

CORISANDE.

Amadis, Amadis, nôtre unique esperance,
Ah ! ne nous abandonnez pas.

AMADIS.

Perfide, il faut que je punisse
Ta barbare injustice.

AMADIS combat contre ARCALAUS.

ARCALAUS.

Esprits infernaux, il est temps
De me donner le secours que j'attens.

SCENE VII.

Plufieurs Demons fous la figure de Monftres terribles, s'efforcent en vain d'étonner & d'arrêter A M A D I S : D'autres Demons fous la forme de Nymphes, de Bergers & de Bergeres, prennent la place des Monftres, et enchantent A M A D I S.

A M A D I S.

Troupe de Nymphes, de Bergers & de Bergeres.

LE CHOEUR.

NOn, non, pour être invincible,
On n'en eft pas moins fenfible,
Quel Vainqueur a refifté
Au charme de la Beauté ?

DEUX BERGERS.

Aimez, foûpirez, Cœurs fidelles ;
L'Amour dans ces Bois
Prend des forces nouvelles :
Heureux mille fois
Ceux qu'il tient fous fes loix.

Il fait disparaître
L'horreur des Deserts,
Tout le suit, c'est le Maître
De tout l'Univers ;
Quel Empire doit être
Plus doux que ses fers ?

DEUX NYMPHES, ET LE CHOEUR.

Vous ne devez plus attendre
Rien qui trouble vos desirs :
Cédez aux plaisirs
Qui viennent vous surprendre ;
Cédez, il est temps de vous rendre,
Cédez, rendez-vous
Aux charmes les plus doux.

L'Amour est pour nous,
C'est en vain que l'on veut s'en défendre ;
Cédez, il est temps de vous rendre,
Cédez, rendez-vous
Aux charmes les plus doux.

C'est l'Amour qui doit prétendre
De savoir vous désarmer ;
L'Amour doit former
Les chaînes d'un cœur tendre ;
Cédez, il est temps de vous rendre,
Cédez, rendez-vous
Aux charmes les plus doux.

L'Amour est pour nous, &c.

A M A D I S enchanté, croit voir O R I A N E.

A M A D I S.

Eſt-ce vous, Oriane ? ô Ciel ! eſt-il poſſible !
Vôtre cœur contre moi n'eſt-il plus irrité ?
L'éclat de vos beaux yeux dans ce Bois écarté
Chaſſe ce que l'Enfer a formé de terrible.
Que vivre loin de vous eſt un ſupplice horrible !
Quel plaiſir de vous voir ! que j'en ſuis enchanté !
Diſpoſez de ma vie & de ma liberté.

A M A D I S met ſon épée aux pieds de la Nymphe
qu'il prend pour O R I A N E, & la ſuit avec
empreſſement.

LE CHOEUR.

Non, non, pour être invincible
On n'en eſt pas moins ſenſible ;
Quel Vainqueur a reſiſté
Au charme de la Beauté ?

FIN DU SECOND ACTE.

ACTE III.

ACTE TROISIÉME.

Le Théâtre change , & repréſente un vieux Palais
ruïné : On y voit le Tombeau d'ARDAN CANILE,
et pluſieurs differents Cachots.

SCENE PREMIERE.

FLORESTAN enchaîné,& enfermé dans un Cachot.
CORISANDE enchaînée , & enfermée dans
un autre Cachot.

Troupe de Captifs & de Captives , enfermez ;
Troupe de Geoliers.

CHOEUR DES CAPTIFS.

Ciel ! finiſſez nos peines.

CHOEUR DE GEOLIERS.

Vos clameurs ſeront vaines.

CHOEUR DES CAPTIFS.

Ciel ! ô Ciel ! quel ſupplice , helas !

CHOEUR DE GEOLIERS.

Le Ciel ne vous écoûte pas.

D

S C E N E II.

ARCABONNE, et les mêmes Acteurs de la
Scene précédente.

ARCABONNE, conduite & portée en l'air par des Demons,
deſcend dans le Palais ruïné.

ARCABONNE.

I L eſt temps de finir vôtre plainte importune;
    Sortez, traînez ici vos fers.

Les Geoliers ouvrent les Cachots, & les Captifs en ſortent.
LES CAPTIFS.
Contentez-vous des maux que nous avons ſoufferts;
    Faites ceſſer nôtre infortune.
ARCABONNE.
Vous allez ceſſer de ſouffrir,
Malheureux, vous allez mourir.

Bientôt l'Ennemi qui m'outrage
Sera remis en mon pouvoir:
Et plus je ſuis près de le voir,
Plus je ſens augmenter ma rage.
Le ſang, ou l'amitié vous unit avec lui,
    Vous perirez tous aujourd'hui.
CORISANDE.
Floreſtan!
FLORESTAN.
Coriſande!
FLORESTAN, ET CORISANDE.
Quel ſort pour nos tendres amours!

CORISANDE.

Faut-il que vôtre sang à mes yeux se répande ?

FLORESTAN.

Faut-il voir ce que j'aime expirer sans secours ?

CORISANDE.

Que le juste Ciel vous deffende ;
C'est l'unique faveur qu'en mourant je demande.

FLORESTAN.

Non, non, le coup fatal qui doit trancher mes jours
N'est pas celui que j'aprehende.

CORISANDE.

Florestan !

FLORESTAN.

Corisande !

FLORESTAN, ET CORISANDE.

Quel sort pour nos tendres amours !

Ils parlent à ARCABONNE.

Cruelle, que vôtre colere
Se contente de m'immoler.

ARCABONNE.

Non, trop de sang ne peut couler
Pour venger la mort de mon frere.

Consolez-vous dans vos tourments,
La mort n'est pas un mal si cruel qu'il le semble :
C'est unir deux Amants,
Que de les immoler ensemble.

D ij

AMADIS,

FLORESTAN.

Heureux, dans nos malheurs, que rien ne nous sépare.
Non pas même la mort barbare.

CORISANDE.

Portons un nœud si beau
Jusques dans le tombeau.

FLORESTAN & CORISANDE repetent ensemble
ces deux derniers Vers.

ARCABONNE.

Ah ! c'est trop entendre
Un amour si tendre !
Vous m'importunez.

Taisez-vous, Infortunez.
Toi qui dans ce tombeau n'es plus qu'un peu de cendre,
Et qui fus de la terre autrefois la terreur ;
Reçoi le sang que ma fureur
S'empresse de répandre.

Qu'entends-je ! Quel gemissement
Sort de ce monument ?
Je vais répondre à vôtre impatience,
Manes plaintifs, cessez de murmurer.
Je punirai qui vous offense
Par la plus cruelle vengeance
Que la rage puisse inspirer.
Je vais répondre à vôtre impatience,
Manes plaintifs, cessez de murmurer.

SCENE III.

L'OMBRE D'ARDAN CANILE,
et les mêmes Acteurs de la Scene précédente.

L'OMBRE D'ARDAN, *sortant de son Tombeau.*

AH! tu me trahis, Malheureuse.

ARCABONNE.

J'ai juré d'achever une vengeance affreuse,
Voyez quelle est l'ardeur de mes ressentiments.

L'OMBRE.

Ah! tu me trahis, Malheureuse:
Ah! tu vas trahir tes serments.

Je retombe ; le jour me blesse.
Tu me suivras dans peu de temps:
Pour te reprocher ta foiblesse,
C'est aux Enfers que je t'attens.

L'OMBRE rentre dans le Tombeau.

ARCABONNE.

Non, rien n'arrestera la fureur qui m'anime.
On vient me livrer ma Victime.

S C E N E IV.

A M A D I S enchaîné, Troupe de Soldats
qui gardent A M A D I S ;

Et les mêmes Acteurs de la Scene précédente.

A R C A B O N N E, un poignard à la main,
s'aproche d'A M A D I S.

A R C A B O N N E.

M *Eurs.... que mes sens sont interdits !*
O Ciel ! que vois-je ! est-ce Amadis !

A M A D I S.

Je suis un malheureux qui n'ai plus d'autre envie
Que de trouver la fin de mon funeste sort.

A R C A B O N N E.

Quoi, l'Ennemy dont j'ai juré la mort,
Est le Heros qui m'a sauvé la vie !
Qu'est-ce que j'entreprens ? un trépas inhumain
De mon Liberateur seroit la recompense ?
Non, une cruelle vengeance
Contre vos jours m'a fait armer en vain :
Une juste reconnoissance
Me fait tomber les armes de la main.

Vivez, quittez vos fers, ne craignez plus ma haine.
Quel prix vous puis-je offrir pour ce que je vous doi?

AMADIS.

D'Innocents malheureux ont trop souffert pour moi;
Le seul prix que je veux, c'est de briser leur chaîne.

ARCABONNE.

Allez en liberté, goûter un doux repos:
Rendez graces à ce Heros.

ARCABONNE fait remettre en liberté FLORESTAN, CORISANDE, les autres Captifs & Captives; mais elle retient AMADIS qu'elle emmenne avec elle. Les Captifs & les Captives se réjoüissent de la liberté qui leur est renduë.

FLORESTAN, CORISANDE, ET LE CHOEUR.

Sortons d'esclavage,
Profitons de l'avantage
Qu'Amadis a remporté:
Nôtre liberté
Est le prix de son courage;
Sortons d'esclavage.

Amadis a surmonté
L'Envie & la Rage,
Amadis a surmonté
L'Enfer irrité.

Sortons d'esclavage,
Profitons de l'avantage
Qu'Amadis a remporté :
Nôtre liberté
Est le prix de son courage;
Sortons d'esclavage.

FIN DU TROISIÉME ACTE.

ACTE IV.

ACTE QUATRIÉME.

Le Théatre change, et représente une Isle agréable.

SCENE PREMIERE.

ARCALAUS, ARCABONNE.

ARCALAUS.

Par mes enchantemens Oriane est captive,
Sa beauté causa nos malheurs :
Dans ces lieux, sans pitié j'entens sa voix
plaintive,
Et j'aime à voir couler ses pleurs.

Nôtre Ennemi l'aimoit, il a tout fait pour elle ;
Il combattoit pour l'obtenir.

ARCABONNE.

Je viens de la voir, qu'elle est belle !
Vous ne la sauriez trop punir.

E

ARCALAUS.

Ne permettons pas qu'elle ignore
La perte d'un Amant dont son cœur est charmé ;
Il faut qu'après la mort, Amadis souffre encore
Dans ce qu'il a le plus aimé.

Aux regards d'Oriane, exposés la Victime
Qu'à nos ressentimens vous venez d'immoler.
Un soupir vous échappe, et vous n'osez parler !
Est-ce par des soûpirs que la haine s'exprime ?

ARCABONNE.

Que vous êtes heureux de n'avoir à songer
Qu'à haïr, & qu'à vous venger !
Helas ! dans nôtre Ennemi même
J'ai trouvé l'Inconnu que j'aime.

ARCALAUS.

Vous aimez Amadis ! Il voit encor le jour !
Quoi ! sur vôtre vengeance un lâche amour l'emporte?

ARCABONNE.

La vengeance la plus forte
Est foible contre l'amour.

ARCALAUS.

Quelle foiblesse est plus étrange !
Nôtre Ennemi mortel devient vôtre vainqueur?
Malgré tant de sermens, votre perfide cœur,
Du parti d'Amadis se range !
Parjure, ah ! c'est de vous qu'il faut que je me venge

ARCABONNE.

Je l'aime, malgré-moi, cet Ennemi charmant,
Je n'en puis être aimée, une autre a sçû lui plaire :
Je vous défie, avec votre colere,
D'inventer pour mon chastiment
Un plus cruel tourment.

ARCALAUS.

Pour augmenter vôtre supplice,
Il faut vous faire voir ces deux Amants heureux ;
Avant que ma vengeance en fasse un sacrifice,
Il faut que l'Hymen les unisse....

ARCABONNE.

Ah ! que plûtôt cent fois ils perissent tous deux.

Entre l'amour & la haine cruelle,
J'ay crû pouvoir me partager ;
Mais dans mon cœur l'amour est étranger,
Et la haine m'est naturelle.

ARCABONNE, voyant approcher ORIANE.

Ma Rivale gemit : que ses maux me sont doux !
Pour punir ces Amans, j'imagine une peine
Digne de ma fureur, & de vôtre couroux ;
C'est peu d'une mort inhumaine...

ARCALAUS

Puis-je encor me fier à vous ?

ARCABONNE.

Fiez-vous à l'Amour jaloux,
Il est plus cruel que la Haine.

✻

SCENE II.

ORIANE.

A Qui pourrai-je avoir recours ?
C'est de vous, juste Ciel ! que j'attens du secours.
Sur ces Bords inconnus, un Enchanteur barbare,
Dispose de mes tristes jours :
L'Enfer contre moi se declare ;
A qui pourrai-je avoir recours ?
C'est de vous, juste Ciel ! que j'attens du secours.

Autrefois, Amadis auroit pris ma défense :
Mais l'Inconstant m'oublie, & suit une autre loi.
Pourquoi m'en souvenir, pourquoi
N'oublier pas de lui jusqu'à son inconstance ?
Ici, loin de toute assistance
Je tremble d'un mortel effroi ;
Eh ! faut-il encor que je pense
A qui ne pense plus à moi ?

SCENE III.
ARCALAUS, ORIANE.

ARCALAUS.

JE vous entens, ceſſez de feindre.
Plaignez-vous d'Amadis, je ne veux pas contraindre
Un ſi juſte couroux.

ORIANE.

J'ai tant de ſujet de m'en plaindre,
Que j'ai preſqu'oublié de me plaindre de vous.
Non, ce n'eſt point ici ſon ſecours que j'implore ;
Il eſt allé chercher la Beauté qu'il adore,
Et je l'appellerois par des cris ſuperflus.

ARCALAUS.

Lorſque vous le verrez, vous l'aimerez encore.

ORIANE.

Non, non, je ne le verrai plus.
Je doi trop le haïr, pour renouer la chaîne
Dont il a dégagé ſon cœur.

ARCALAUS.

Si vous le haïſſez, j'ai ſervi vôtre haine ;
A la fin j'ai vaincu ce ſuperbe Vainqueur.

ORIANE.

Vous, Vainqueur d'Amadis! non, il n'est pas possible
Qu'il ait cessé d'être invincible.
Tout céde à sa valeur, et vous la connoissez….

ARCALAUS.

Et c'est ainsi que vous le haïssez?

ORIANE.

Je veux haïr toûjours un Amant si volage,
Et je me le suis bien promis :
Mais ses plus cruels Ennemis
Peuvent-ils s'empêcher d'admirer son courage.

Non, rien ne peut être assez fort,
Pour surmonter ce Heros indomptable.

ARCALAUS.

Voyez si je me vante à tort,
D'avoir vaincu ce Vainqueur redoutable.

AMADIS étendu sur ses armes ensanglantées,
paroît mort.

SCENE IV.
ORIANE, AMADIS qui paroît mort.
ORIANE.

Que vois-je ! O Spectacle effroïable !
O trop funeste fort,
Ciel ! ô Ciel ! Amadis est mort !

Ma colere lui fût fatale ;
J'eûs tort de l'accuser de suivre une autre amour.
Que ne puis-je en mourant, le rappeller au jour,
Dût-il vivre pour ma Rivale !
Ciel qui nous donna ce Heros,
Que ne prenois-tu sa défense
Contre l'infernale puissance ?
L'Univers a perdu l'auteur de son repos.

Pleure, gemi, foible Innocence,
Pleure, helas ! tu n'as plus d'appui,
Tu vois expirer aujourd'hui
Ton unique esperance.
O trop funeste fort !
Ciel ! ô Ciel ! Amadis est mort !
Il m'appelle ; je vais le suivre,
Le fort qui nous rejoint m'est doux :
Amadis, je vivois pour vous,
Vous mourez, je ne puis plus vivre.

ORIANE tombe évanouie.

S C E N E V.

ARCALAUS, ARCABONNE, AMADIS
qui paroît mort, ORIANE évanoüie.

ARCALAUS, ET ARCABONNE.

Quel plaisir de voir
Un si cruel désespoir !
ARCABONNE.
Joignez vôtre fureur à ma rage inhumaine,
Il faut que ces Amants revivent tour à tour
Pour souffrir une affreuse peine.
ARCALAUS.
Il faut faire de leur amour
Le Ministre de nôtre haine.
ARCALAUS, ET ARCABONNE.
Quel plaisir de voir
Un si cruel desespoir !
ARCABONNE.
Il faut qu'Amadis sorte
Du profond assoupissement
Où le tient nôtre enchantement,
Et qu'il pleure Oriane morte :
Mais pour eux contre nous, quel pouvoir s'est armé ?
ARCALAUS.
Qui peut conduire ici ce Rocher enflâmé ?

SCENE VI.

****

SCENE VI.

Un Rocher environné de flâmes s'approche ;
Les flâmes se retirent, & laissent voir un Vaisseau
sous la figure d'un Serpent, ce qui l'a fait appeller
la grande Serpente. URGANDE & ses Suivantes
sortent de ce Vaisseau.

URGANDE, Troupe de Suivantes d'URGANDE.
ARCALAUS, ARCABONNE, AMADIS
qui paroît mort. ORIANE évanoüie.

URGANDE.

JE soûmets à mes loix l'Enfer, la Terre & l'Onde.
Sans qu'on sçache où je suis, je parcours tout le
monde,
Et je connois des secrets que les Cieux
N'ont jusqu'ici dévoilé qu'à mes yeux.
Mais, j'arme seulement ma fatale puissance
Contre l'injuste violence ;
J'ai soin de relever le merite abbatu,
Et je fais mon bonheur de servir la vertu.
Tremblez, tremblez, reconnoissez Urgande :
Tout obéit, si-tôt que je commande ;
Barbares, laissez pour jamais
Ces fidelles Amants en paix.

URGANDE touche de sa baguette, ARCALAUS
& ARCABONNE.

F

ARCALAUS, ET ARCABONNE.

Tout mon effort est inutile,
Je demeure immobile ;
Je céde aux charmes trop puissans
Qui saisissent mes sens.

LES SUIVANTES d'URGANDE.

Tremblez, tremblez, reconnoissez Urgande :
Tout obéit, si-tôt qu'elle commande ;
Barbares, laissez pour jamais
Ces fidelles Amants en paix.

Les Suivantes d'URGANDE jettent des fleurs & répandent des parfums sur AMADIS & ORIANE, pour commencer à dissiper l'enchantement dont ils sont saisis. Une partie de ces Suivantes dansent, & les autres chantent.

DEUX SUIVANTES d'URGANDE.

Cœurs accablés de rigueurs inhumaines,
Ne cessez point d'esperer en aimant :
Il est fâcheux de porter des chaînes,
C'est un cruel tourment !
Mais, quand l'Amour en veut payer les peines,
C'est un plaisir charmant.

Il vient un jour où les craintes font vaines,
Un trifte fort change dans un moment :

Il eft fâcheux de porter des chaînes,
C'eft un cruel tourment !
Mais, quand l'Amour en veut payer les peines,
C'eft un plaifir charmant.

Les Suivantes d'URGANDE emportent AMADIS & ORIANE, dans le Vaiſſeau de la grande Serpente. URGANDE avant que d'y rentrer, touche une feconde fois de fa baguette, ARCALAUS & ARCABONNE.

URGANDE.

Il faut que de vos fens je vous rende l'ufage,
Perfides, je vous livre à vôtre propre rage.

URGANDE rentre dans le Vaiſſeau de la grande Serpente, qui commence à s'éloigner, & à fe couvrir de flâmes.

ARCALAUS.

Demons foûmis à nos loix,
Volez, venez nous défendre.

N'ofez-vous rien entreprendre ?
Méprifez-vous nôtre voix ?
Hâtez-vous, c'eft trop attendre ;

Demons foûmis à nos loix,
Volez, venez nous défendre.

Les Demons des Enfers fortent pour fecourir A R C A L A U S
   & A R C A B O N N E.
Les Demons de l'Air viennent combattre contre ceux des
   Enfers, & les furmontent.

ARCALAUS, ET ARCABONNE.

On brave nôtre vain pouvoir,
Tout eft contraire à nôtre envie :
Nous perdons tout efpoir,
Renonçons à la vie.

FIN DU QUATRIE'ME ACTE.

ACTE CINQUIÉME.

Le Théâtre change, et repréfente le Palais enchanté d'APOLLIDON, où l'on voit l'Arc des loyaux Amants, & la Chambre défenduë, dont la porte eſt fermée.

SCENE PREMIERE.

URGANDE, AMADIS.

URGANDE.

Pollidon, par un pouvoir magique,
Autrefois éleva ce Palais magnifique ;
Confolez-vous en des lieux ſi charmans,
Vous y devez trouver la fin de vos tourmens.

AMADIS.

Je ne puis reſſentir les charmes
Du plus agréable ſéjour,
Non, rien ne plaît à des yeux que l'Amour
A condamnez à d'éternelles larmes.

URGANDE.

Oriane est ici, rappellez vôtre espoir.

AMADIS.

Oriane...

URGANDE.
Vous l'allez voir.

AMADIS.

Je puis voir par vos soins la Beauté que j'adore !
Voir Oriane !... helas ! c'est l'irriter encore.
Ah ! que mon cœur se sent troubler !
Je tremble...

URGANDE.
Amadis peut trembler ?

AMADIS.

Je suis inébranlable
Contre un Ennemi redoutable,
Dont il faut vaincre la fureur ;
Mais contre la colere
De la Beauté qui m'a sçû plaire ;
Rien n'est si foible que mon cœur.

SCENE II.

ORIANE, AMADIS.

ORIANE.

FErmez-vous pour jamais, mes Yeux, mes tristes
Yeux.

Je perds ce que j'aime le mieux,
La clarté doit m'être ravie.
Helas ! quelle rigueur de me rendre la vie,
Pour me faire sentir la perte que je fais !

Mes Yeux, mes tristes Yeux, fermez-vous pour jamais.

ORIANE, ET AMADIS.

O Ciel ! le puis-je croire ?

ORIANE.

Amadis, vous vivez ?

AMADIS.

Vous plaignez mes malheurs?
Vos beaux yeux m'ont donné des pleurs.

         A M A D I S,

O R I A N E.

Vous vivez ?

A M A D I S.

Puis-je encor vivre en vôtre memoire?

A M A D I S, ET O R I A N E.

O Ciel ! puis-je le croire !

O R I A N E.

Je vous aime conſtamment,
Malgré vôtre changement.

Dans une amour nouvelle
Vous pourrez trouver plus d'appas :
Mais vous n'y trouverez pas
Un cœur plus fidelle.

A M A D I S.

Oriane, m'accuſez-vous ?

O R I A N E.

Briolanie a des charmes trop doux,
Je n'empeſcherai pas que vôtre amour la ſuive…

A M A D I S.

Ah ! ne reprenez plus vôtre fatal couroux
Si vous ſouhaitez que je vive.
                              O R I A N E.

ORIANE.

Vous aurez peu de peine à me désabuser,
Amadis, contre vous à regret je m'irrite ;
Le dépit que l'amour excite
Ne demande qu'à s'appaiser.

Tout vous a dit
Que je vous aime,
Mes larmes, ma douleur extrême ;
Et jusqu'à mon dépit,
Tout vous a dit
Que je vous aime.

AMADIS.

Je vous promets
De n'éteindre jamais
Une flâme si belle,
Je vous promets
Une amour éternelle.

ENSEMBLE.

Je vous promets
De n'éteindre jamais
Une flâme si belle,
Je vous promets
Une amour éternelle.

✳✳

S C E N E III.

URGANDE, AMADIS, ORIANE.

U R G A N D E.

*E*Nfin, vos cœurs font réunis.

A M A D I S.

Par vôtre heureux fecours nos troubles font finis.

O R I A N E.

Je dépends d'un devoir févere,
Mon Pere a fait un choix qui s'oppofe à mes vœux.

U R G A N D E.

J'aurai foin d'obtenir l'aveu de vôtre Pere.

A M A D I S, ET O R I A N E.

Que ne devons-nous pas à vos foins genereux !

U R G A N D E.

Un fi parfait amour merite d'être heureux.

à O R I A N E.

Suivez ce Heros glorieux ;
Vers la chambre enchantée, avancez fans allarmes.

A M A D I S, conduifant O R I A N E.

Venez-en furmonter les charmes :
Quels charmes font plus forts que ceux de vos beaux
*　　　　　　　　　　yeux !*

❧❧❧❧❧❧❧❧❧❧❧❧❧❧❧❧❧❧❧❧

SCENE DERNIERE.

La Chambre défenduë s'ouvre. Une Troupe
de Heros, & d'Heroïnes qu'APOLLIDON y avoit
autrefois enchantés, pour y attendre le plus fidelle
des Amants, & la plus parfaite des Amantes ; reçoit
AMADIS & ORIANE, et les reconnoît dignes
de cet honneur.

AMADIS, ORIANE, URGANDE, FLORESTAN, CORISANDE;

Troupe de Heros, Troupe d'Heroïnes.

LE GRAND CHOEUR.

CHantons-tous en ce jour
   La gloire de l'Amour.
Gardez-vous bien de briser vos chaînes,
Vous, qui souffrez de cruelles peines :
Ne cessez point d'être constans,
   Et vous serez contens.

LE PETIT CHOEUR.

   Nous devons suivre
Des loix qui doivent nous charmer ;
   Ce n'est pas vivre,
Que vivre sans savoir aimer.

FLORESTAN, à CORISANDE.

Tout suit nos vœux,
Rien ne trouble nôtre vie,
Des plus beaux nœuds
Pour jamais l'Amour nous lie;
Je puis vivre pour vous,
Que mon bonheur est doux !

CORISANDE, à FLORESTAN.

Il n'est plus temps de répandre des larmes,
Nous aimerons deformais sans allarmes;
Que de plaisirs ! que de beaux jours
Vont s'offrir à nos amours !

LE GRAND CHOEUR.

Tout charme ici nos yeux ;
Où peut-on être mieux ?

LE PETIT CHOEUR.

Où peut-on être mieux ?
Que dans ces beaux lieux ?

LE GRAND CHOEUR.

Les plus charmans plaisirs
Suivront tous nos desirs.

UN DES HEROS ENCHANTEZ.

Jouïſſons à jamais
De la douce paix
Qui nous appelle;
Jouïſſons à jamais
De la douce paix
D'une amour fidelle.

LE GRAND CHOEUR.

C'eſt aſſez d'entreprendre
De faire un beau choix;
Il ſuffit qu'un Cœur tendre
S'engage une fois.

CORISANDE.

Quel tourment, quand l'amour eſt extrême,
De trembler pour l'Objet que l'on aime!
Quel plaiſir de ſe voir hors d'un mortel danger!
Quand les maux ſont finis, qu'il eſt doux d'y ſonger!

LE GRAND CHOEUR.

A la fin, nous aimons ſans rien craindre:
Ce n'eſt plus la ſaiſon de nous plaindre;
On fuïroit les Amours,
S'ils gémiſſoient toûjours.

UN DES HEROS ENCHANTEZ, FLORESTAN, ET CORISANDE.

Un tendre amour ne plaît pas moins,
　　Lorsqu'il tourmente ;
Plus un plaisir coûte de soins,
　　Plus il enchante.
Que le bonheur est charmant,
　　Après un long tourment !

LE GRAND CHOEUR.

Mille Jeux innocens
Vont enchanter nos sens.

LE PETIT CHOEUR.

Mille Jeux innocens
Vont enchanter nos sens.

UN DES HEROS ENCHANTEZ.

Amants inconstans, n'esperez pas
De jouir d'un sort si plein d'appas.

LE GRAND CHOEUR.

Loin de nous, Infidelles ;
Fuyez loin de nous ;
Ces demeures si belles
Ne sont pas pour vous.

CORISANDE.

Au milieu d'un tourment sans égal,
L'Amour fait plaire ;
Il lui faut pardonner tout le mal
Qu'il nous veut faire.
Je n'ai point de regret aux pleurs que j'ai versez ;
Le bonheur qui les suit, les récompense assez.

LE GRAND CHOEUR.

Chantons-tous en ce jour
La gloire de l'Amour.
Gardez-vous bien de briser vos chaînes,
Vous qui souffrez de cruelles peines :
Ne cessez point d'être constans,
Et vous serez contens.

FIN.

APROBATION.

J'Ay lû par Ordre de Monseigneur le Chancelier, AMADIS, *Tragedie* ; et j'ai crû que le Public en verroit la nouvelle Impression avec plaisir. FAIT à Paris, ce 25. Octobre mil sept cent quarante, Signé LASERRE.

9 782329 582030